# Bildkarten zur Sprachförderung

Mit Illustrationen von
Anja Boretzki

# Verben

Verlag an der Ruhr

# Impressum

**Titel**
Bildkarten zur Sprachförderung
*Verben*

**Illustrationen**
Anja Boretzki

**Verlag an der Ruhr**
Mülheim an der Ruhr
www.verlagruhr.de


**ISBN 978-3-8346-0638-9**

# Ein Wort an die Erwachsenen

*Die Grenzen meiner Sprache*
*sind die Grenzen meiner Welt.*
— Wittgenstein

Sprache als Tor zur Welt – sich verbal ausdrücken zu können, ist nicht nur eine Grundvoraussetzung für **bestmögliche Bildungschancen**; es eröffnet auch die Möglichkeit zur **Kommunikation** und **Verständigung** mit anderen Menschen. Fast immer ist Sprache zugleich das Medium des Lernens: In einer Sprache und mit einer Sprache lernen wir – sprechen, aber zugleich auch alles andere. Umso wichtiger ist es, dass Kindern **von Beginn an** die Voraussetzungen und Chancen für einen optimalen Spracherwerb geschaffen werden.
Mit diesen neuen Bildkartensets unterstützten Sie die Sprachentwicklung der Kinder auf **kindgerechte, motivierende** und **spielerische** Weise. Mit den verschiedenen Bildkartensets können

Sie ganz gezielt und individuell auf die jeweiligen Bedürfnisse der Kinder eingehen und **alle Sprachförderbereiche** trainieren. Dabei eignen sie sich sowohl für die Förderung von Kindern, die Deutsch als Zweitsprache erlernen, als auch für Kinder mit spezifischen sprachlichen Problemen. Und natürlich können alle Kinder an den Spielen teilnehmen, denn sie sind nicht nur Fördermaterial, sondern machen vor allem auch Spaß.
Die verschiedenen Einsatz- und Spielmöglichkeiten schulen die **sprachlichen Ausdrucksmöglichkeiten** sowie den **aktiven und passiven Wortschatz.** Zusätzlich kann die **visuelle und auditive Wahrnehmung trainiert werden.**

# Warum sind Verben wichtig?

Um vollständige Sätze zu bilden, brauchen wir Verben. Sie beschreiben Handlungen, Zustände, und Vorgänge. Damit sind sie der Kern einer Aussage. In ihrer Bedeutung stecken zudem Informationen darüber, wer und was alles in einer Handlung involviert ist:
Das Mädchen *pflückt* Blumen.
Das Verb *pflücken* hat in seiner Bedeutung bereits die Information verankert, dass es jemanden geben muss, der pflückt (Subjekt), und dass es etwas geben muss, das gepflückt wird (Objekt). Und meist lassen sich die Sätze dann noch durch zusätzliche Informationen erweitern, wie z.B. in dem Satz „Das Mädchen pflückt Blumen im Garten".

Verben legen also über ihre Bedeutung fest, wie komplex ein

Satz werden kann. Mit den Bildkarten in diesem Set lernen die Kinder wichtige **Verben aus dem Grundwortschatz**. Die Motive sind dabei so ausgewählt, dass sie Vorlagen für unterschiedlich komplexe Satzstrukturen liefern. Damit üben die Kinder, eigenständig Sätze zu bilden, und entwickeln so ein Gefühl für grammatisch richtige Satzstrukturen.

## Was kann ich mit den Bildkarten fördern?

Mit diesen lustigen und motivierenden Bildkartenmotiven erweitern die Kinder spielerisch, aber gezielt ihre **sprachlichen Ausdrucksmöglichkeiten.** Sie benennen und beschreiben die Motive auf den Karten, indem sie vollständige Sätze bilden. Damit erweitern sie insbesondere ihren **Verb-Wortschatz** und verinnerlichen zugleich auch, **wie Verben in unseren Satzbau integriert werden.**

Zum einen spielt dabei die **Wortstellung** eine Rolle: In einfachen Hauptsätzen steht das Verb vor seinen Objekten, z.B. „Der Junge *putzt* sich die Zähne". In Nebensätzen dagegen steht das Verb am Satzende, z.B. „Ich sehe einen Jungen, der sich die Zähne *putzt*".
Zum anderen **bestimmen Verben den Kasus ihrer Objekte:** Es heißt „Das Mädchen *malt* den Stern aus" und nicht „Das Mädchen *malt* der Stern aus".
Außerdem stimmen Verben mit dem Subjekt immer im **Numerus** überein: Es heißt „Die Kinder *singen* ein Lied" und nicht „Die Kinder *singt* ein Lied".

All das sind Regeln in deutschen Sätzen, die wir als erwachsene Sprecher längst beherrschen. Kinder im Spracherwerbsprozess sind damit aber noch nicht so vertraut. Die Bildkarten in diesem Set laden die Kinder dazu ein, selbst aktiv Sätze zu bilden. Dabei verinnerlichen sie die grammatisch richtige Wortstellung, entwi-

Memory® ist eine eingetragene Marke der Ravensburger AG

ckeln ein Gefühl für die richtige Kasuswahl und lernen, passende Verbformen zu verwenden.

Zugleich üben die Kinder die **Aussprache** bestimmter Wörter und verbessern ihr **Sprachverständnis**. Darüber hinaus schulen die Bildkarten natürlich auch die **visuelle Wahrnehmung** sowie die **Konzentration**. Denn die Kinder müssen die Motive genau betrachten und dabei bestimmte Tätigkeiten erkennen und benennen. **Jeweils zwei Motive gehören zusammen.** Sie bilden „verwandte" Tätigkeiten aus einem vertrauten Erfahrungsbereich der Kinder ab, wie z.B. *essen* und *trinken* aus dem Erfahrungsbereich Mensch. Das eröffnet vielfältige Spielmöglichkeiten, wie z.B. Paare finden oder Verben-Pantomime.

# Spielmöglichkeiten

Im Folgenden finden Sie einige Vorschläge, was Sie mit den Karten im Rahmen der Sprachförderung machen können. Die Spiele sind chronologisch nach Schwierigkeitsgrad aufgebaut. Zunächst geht es darum, den Wortschatz der Kinder zu erweitern und sie mit allen abgebildeten Begriffen vertraut zu machen. In weiteren Spielen bilden die Kinder selbst unterschiedlich komplexe Sätze und rufen dazu die passenden Begriffe aus ihrem aktiven Wortschatz ab. Dabei beachten sie die Wortstellung in deutschen Sätzen, verwenden den richtigen Kasus für Objekte und wählen die passenden Verbformen zum Subjekt.

## Ich sehe einen Jungen, der …

Legen Sie einen Teil oder auch alle Bildkarten mit dem Motiv nach oben in einem Kreis aus. Jedes Kind hat eine Fliegenklatsche in der

Hand. Nun beschreiben Sie eine Tätigkeit auf den Karten. Sagen Sie z.B. „Ich sehe einen Jungen, der ein Butterbrot isst". Wer die Karte als erstes gefunden und mit der Fliegenklatsche darauf geklatscht hat, darf sie behalten. Sieger ist der Spieler mit den meisten Karten.

**Ziel:** Mit diesem Spiel schulen Sie insbesondere das Sprachverständnis der Kinder, indem Sie erst einmal alle Verben einführen. Wenn die Kinder die Wörter schon ganz gut kennen, kann auch eines der Kinder eine Karte beschreiben. Dabei rufen sie die Wörter aus ihrem aktiven Wortschatz ab, bilden eigenständig Sätze und entwickeln so ein Gefühl für Satzstrukturen.

**Verben-Pantomime**

Die Karten liegen verdeckt im Kreis. Ein Kind darf nun eine Karte ziehen und schaut sie sich

so an, dass die anderen Kinder nicht sehen können, was auf der Karte abgebildet ist. Dann führt dieses Kind die Tätigkeit pantomimisch vor. Die anderen Kinder müssen nun raten, welche Tätigkeit gemeint ist. Wer richtig geraten hat, darf als nächstes eine Karte ziehen und Pantomime spielen.
**Ziel:** Die Kinder festigen ihren aktiven Wortschatz, schulen ihre visuelle Wahrnehmung und Konzentrationsfähigkeit.
Hinweis: Für dieses Spiel eignen sich nicht alle Karten gleichermaßen gut. Wählen Sie die Karten daher vorher sorgfältig aus.

**Stimmt oder stimmt nicht?**

Die Kinder sitzen im Kreis und haben eine Fliegenklatsche in der Hand. Nehmen Sie den geordneten Bildkartenstapel in die Hand und legen Sie nacheinander die Karten aufgedeckt in den Kreis. Bei jeder Karte, die Sie aufdecken, beschreiben Sie kurz das Motiv, z.B. „Das Mädchen malt den Stern aus" oder „Der Junge wäscht sich die Hände". Irgendwann bauen Sie einen Fehler ein. Sagen Sie z.B. „Der Junge wäscht sich die Zähne" oder „Der Vogel kriecht durch die Luft". Die Kinder müssen jetzt schnell reagieren und mit der Fliegenklatsche auf die falsch beschriebene Karte klatschen. Das Kind, das zuerst geklatscht hat, darf nun die richtige Beschreibung in einem vollständigen Satz sagen.

**Ziel:** Die Kinder festigen ihren passiven und aktiven Wortschatz und schulen ihre visuelle Wahrnehmung und Konzentrationsfähigkeit. Indem sie die Karten beschreiben, bilden sie vollständige Sätze. Dabei verinnerlichen sie die Wortstellung im Deutschen, verwenden den richtigen Kasus und entwickeln ein Gefühl für passende Verbformen. Außerdem hilft dieses Spiel ihnen dabei, sich feste Nomen-Verb-

Kombinationen wie *Zähne putzen, Seil springen, Fahrrad fahren* etc. besser einzuprägen.

## Pantomimisches Verben-Memory®

Zwei Kinder gehen vor die Tür und warten, bis sie wieder hereingerufen werden. Die anderen Kinder suchen sich einen Partner. Geben Sie jedem Paar nun eine Bildkarte, die sich pantomimisch gut umsetzen lässt. Alle Partner stimmen sich jetzt auf eine und dieselbe pantomimische Bewegung zu ihrer Karte ab. Dann verteilen sich die Kinder im Raum, sodass die Partner nicht mehr beieinander stehen. Jetzt rufen Sie die beiden Kinder von draußen zurück in den Raum. Jeder von ihnen darf nacheinander ein Kind im Raum antippen. Diese Kinder machen daraufhin die pantomimische Bewegung zu ihrer Bildkarte. Nach dem Memory®-Prinzip suchen die Kinder nun Pantomimen-Pärchen. Wenn sie ein Pärchen gefunden haben, sagen sie in einem vollständigen Satz,

Memory® ist eine eingetragene Marke der Ravensburger AG

welche Tätigkeit die beiden Kinder gerade vormachen.
**Ziel:** Durch das Benennen der Tätigkeiten in einem vollständigen Satz üben die Kinder, die richtige Wortstellung, passende Verbformen und richtige Kasus zu verwenden.

## Bildkarten-Geschichten

Legen Sie immer ein Kartenpaar aufgedeckt nebeneinander in den Kreis. Auf den Karten lassen sich kleine, aber wesentliche Details entdecken, die bestimmt für Gesprächsstoff sorgen. Die Kinder überlegen sich eine kleine Geschichte zu den Karten. Fragen Sie nach einer Weile, wer seine kleine Geschichte erzählen möchte.
Tipps zum Geschichten-Erzählen sowie ein paar Gesprächsanlässe, die durch die Karten angestoßen werden, finden Sie ab S. 16 zu jedem Kartenpaar. Sie können den Kindern damit ein paar Denkanstöße geben, wenn ihnen keine

Geschichte einfällt. Greifen Sie aber immer auch die Ideen der Kinder auf, und stellen Sie ggf. gezielte Nachfragen dazu.
**Ziel:** Dieses Spiel fördert die Fantasie der Kinder. Zudem trainieren sie beim Geschichten-Erzählen ihren aktiven Wortschatz und bilden vollständige, grammatisch richtige Sätze.

**Noch ein Tipp:**
Die Nummerierung der Bildkarten finden Sie „versteckt" im Muster auf der Bildkartenrückseite.

# Hinweise und Gesprächsanlässe zu den einzelnen Karten

**Bild 1: essen – Bild 2: trinken**

**Erfahrungsbereich:** Mensch

**Verben aus demselben Wortfeld:**
fressen, beißen, kauen; saufen; schlucken, verschlucken

**Zum Geschichten-Erzählen:**
Was ist mit dem Apfel passiert? Wo krabbelt der Wurm hin? Hat er vielleicht auch Durst? Was macht der Junge mit dem Wurm?

**Bild 3: kochen – Bild 4: spülen**

**Erfahrungsbereich:** Zuhause/Mensch/Haushalt

**Weitere Verben aus dem Wortfeld:**
rühren, schneiden, braten, backen, würzen, verbrennen, anbrennen, essen;
abwaschen, schrubben, abtrocknen, fallen lassen

**Zum Geschichten-Erzählen:**
Was gibt es zu essen? Was kommt alles in den Kochtopf hinein? Für wen kocht die Mama? Warum muss sie alleine abwaschen?

**Bild 5: kämmen – Bild 6: einkremen**

**Erfahrungsbereich:** Zuhause/Mensch

**Weitere Verben aus dem Wortfeld:**
bürsten, ziepen, frisieren;
einreiben, verreiben, pflegen

**Zum Geschichten-Erzählen:**
Das Mädchen will gleich schlafen gehen. Was macht sie alles vor dem Schlafengehen? Hat sie nicht noch etwas vergessen? Was machst du vor dem Schlafengehen?

**Bild 7: Zähne putzen – Bild 8: Hände waschen**

**Erfahrungsbereich:** Zuhause/Mensch

**Weitere Verben aus dem Wortfeld:**
schrubben, ausspülen, gurgeln;
einseifen, reiben, abtrocknen

**Zum Geschichten-Erzählen:**
Der Junge ist gerade aufgestanden.
Er geht gleich in den Kindergarten.
Was macht er alles noch zu Hause,
bevor er in den Kindergarten geht?

**Bild 9: duschen – Bild 10: baden**

**Erfahrungsbereich:** Zuhause/Mensch

**Weitere Verben aus dem Wortfeld:**
waschen, einseifen, ausspülen, plantschen, spritzen, abtrocknen

**Zum Geschichten-Erzählen:**
Der Junge ist im Meer geschwommen.
Was macht er danach?
***Tipp:*** Die Bildkarten Nr. 23 und 24 lassen sich mit diesem Kartenpaar auch gut kombinieren.

**Bild 11: anziehen – Bild 12: ausziehen**

**Erfahrungsbereich:** Mensch/Zuhause

**Weitere Verben aus dem Wortfeld:**
ankleiden, überziehen, zubinden, zuknöpfen, aufknöpfen, zuziehen, zumachen, aufmachen

**Zum Geschichten-Erzählen:**
Stell dir vor, der Junge auf dem Bild war gerade noch beim Fußball.
Was macht er nach dem Fußball?

**Bild 13: stehen(bleiben) – Bild 14: gehen**

**Erfahrungsbereich:** Lebenswelt

**Weitere Verben aus dem Wortfeld:**
aufpassen, anhalten, schauen/gucken, hören, lauschen, überqueren

**Zum Geschichten-Erzählen:**
Das Mädchen ist auf dem Weg zum Kindergarten. Unterwegs muss sie gut aufpassen. Worauf muss sie alles Acht geben?
Hast du den Vogel entdeckt? Ist so eine Ampel auch für Vögel gemacht? Wohin möchte der Vogel wohl?

**Bild 15: liegen – Bild 16: sitzen**

**Erfahrungsbereich:** Mensch/Zuhause

**Weitere Verben aus dem Wortfeld:**
stehen, aufstehen, gehen, schlafen, zudecken, einkuscheln, umdrehen, sich hin und her wälzen

**Zum Geschichten-Erzählen:**
Der Junge kann gar nicht einschlafen. Woran liegt das nur? Was kann er alles in seinem Bett machen, bis er richtig müde ist und schlafen kann?

**Bild 17: singen – Bild 18: tanzen**

**Erfahrungsbereich: Mensch/Kultur**

**Weitere Verben aus dem Wortfeld:**
hören, bewegen, schunkeln, klatschen, drehen

**Zum Geschichten-Erzählen:**
Die Kinder auf dem Bild haben viele Hobbys.
Was machen sie gerne?
Hast du die Maus im Bild entdeckt?
Wo kommt sie her? Was macht sie dort?

**Bild 19: Fahrrad fahren –**
**Bild 20: Seil springen**

**Erfahrungsbereich:** Mensch/Lebenswelt/Kultur

**Weitere Verben aus dem Wortfeld:**
draußen spielen, rollen, hüpfen, klettern, schaukeln, rutschen, balancieren

**Zum Geschichten-Erzählen:**
Das Mädchen spielt gerne draußen.
Was kann sie draußen noch alles machen?

**Bild 21: schaukeln – Bild 22: rutschen**

**Erfahrungsbereich:** Mensch/Lebenswelt/Kultur

**Weitere Verben aus dem Wortfeld:**
draußen spielen, Fahrrad fahren, Seil springen, rollen, hüpfen, klettern, balancieren

**Zum Geschichten-Erzählen:**
Dieses Mädchen geht gerne auf den Spielplatz. Was macht sie dort alles?
Hast du den Hund entdeckt? Was macht er auf dem Spielplatz? Hunde dürfen doch eigentlich gar nicht auf den Spielplatz.

**Bild 23: schwimmen – Bild 24: tauchen**

**Erfahrungsbereich:** Lebenswelt/Kultur

**Weitere Verben aus dem Wortfeld:**
plantschen, Luft anhalten, schnorcheln

**Zum Geschichten-Erzählen:**
Der Junge kann sehr gut schwimmen. Tauchen mag er aber nicht so gerne, weil er nicht so lange die Luft anhalten kann. Warum taucht er denn auf einmal doch? Sucht er vielleicht etwas im Wasser?

**Bild 25: (aus)malen – Bild 26: ausschneiden**

**Erfahrungsbereich:** Mensch/Kultur/Lebenswelt

**Weitere Verben aus dem Wortfeld:**
anmalen, basteln, abschneiden, zerschneiden, kleben, bekleben, aufkleben

**Zum Geschichten-Erzählen:**
Das Mädchen möchte seiner Mama eine Freude machen. Was bastelt es da wohl? Wie macht man das?

**Bild 27: lachen – Bild 28: weinen**

**Erfahrungsbereich:** Mensch

**Weitere Verben aus dem Wortfeld:**
sich ärgern, Angst haben, sich freuen, traurig sein, wütend sein

**Zum Geschichten-Erzählen:**
Gerade eben war das Mädchen noch fröhlich. Warum ist es jetzt auf einmal traurig? Was ist wohl passiert?

**Bild 29: gießen – Bild 30: pflücken**

**Erfahrungsbereich:** Natur/Lebenswelt/Zuhause

**Weitere Verben aus dem Wortfeld:**
säen, einpflanzen, wachsen, blühen, verblühen, duften, verschenken

**Zum Geschichten-Erzählen:**
Das Mädchen hat ein eigenes Blumenbeet im Garten. Was kann man mit Blumen alles machen? Warum ist es schön, dass es Blumen gibt?

**Bild 31: fliegen – Bild 32: kriechen**

**Erfahrungsbereich:** Tiere

**Weitere Verben aus dem Wortfeld:**
hüpfen, hoppeln, galoppieren, krabbeln, schwimmen

**Zum Geschichten-Erzählen:**
Der Vogel und die Schnecke sind auf einer Gartenparty eingeladen. Wie bewegen sie sich dahin? Welche Tiere aus dem Garten sind wohl sonst noch eingeladen? Wie bewegen sie sich dahin? Wer ist als erster da? Was bringen sie als Geschenk mit? Warum hat der Vogel eine Mütze an?